La naissance d'un mot

DELPERDANGE ANTOINE

© 2024 Antoine Delperdange

Édition : BoD · Books on Demand, 31 avenue Saint-Rémy, 57600 Forbach,

bod@bod.fr

Impression : Libri Plureos GmbH, Friedensallee 273, 22763 Hamburg

(Allemagne)

ISBN : 978-2-3224-7944-3

Dépôt légal : Mars 2025

La naissance d'un mot

Cela se produit au bout des lèvres.

Il s'échappe en un souffle.

Souvent, il est lié à des émotions ou il provient de nos rêves.

On l'imagine et on le formule comme pour éviter que cela nous étouffe.

Il y a ce besoin urgent de l'exprimer,

Cette expiration soudaine,

Puis cette envie d'en parler,

De décrire ce qui rend heureux ou en peine.

C'est particulier car certains mots sont connus.

On a facile à les exprimer.

On sait que les autres nous dirons qu'ils se sont reconnus.

Les formuler devient alors une évidence à partager.

Par contre, certains mots, eux, sont révélés au grand jour.

Ils n'ont jamais été prononcé avant mais ils font sens tout d'un coup.

Il suffit simplement de les formuler et ils existent pour toujours.

Au début, ça fait peur on a l'impression de dire quelque chose de tabou.

Personne ne comprends ce que l'on veut dire

Mais pour nous, ça fait sens.

Ça résonne un milliard de fois dans notre cœur et ça nous pousse à le dire.

On veut le répéter à l'infini tellement ça décrit ce que l'on ressent.

On vient alors d'accoucher de l'explication parfaite d'une de nos émotions,

Le résumé d'un ressenti impalpable pour autrui.

Mais pourtant avec un peu de patience et de collaboration,

D'autres finissent par comprendre le mot en question et s'y retrouver aussi.

Ainsi, le premier homme à dire amour est passé pour un être atteint de démence.

Mais à force de l'avoir décrit des heures durant,

D'autres on saisit ce qu'il exprime et adoptent alors aussi ce terme comme une évidence.

Le mot résonne au fond du cœur des hommes depuis dès la tendre enfance.

La naissance du mot attirance

C'est un phénomène qui peut sembler magique aux premiers abords.

On n'a pas l'impression que ce soit possible.

Souvent, il faut même le vivre pour comprendre qu'il soit admissible.

Mais quand cela nous arrive, c'est tout aussi réel qu'une loi de Newton ou qu'un modèle de Bohr.

On le constate alors à nos dépens,

sans qu'on ait rien demandé ; cela nous tombe dessus.

Impossible de lutter contre cette force qui nous assomme tel un coup de massue.

Cela devient tout de suite très vite frustrant.

Il suffit d'une rencontre qui nous hypnotise alors et nous donne envie de tellement plus.

On voit la personne dans nos rêves, ses yeux hantent nos nuits, et le souvenir de son sourire fait naître le nôtre si vite.

Son prénom résonne tel un mantra jusqu'à ce qu'on en puisse plus et qu'on veuille la revoir tout de suite.

On passe notre temps à penser à elle, et chaque fois que son prénom ressort sans le vouloir à la place d'un autre, c'est un agréable lapsus.

Quand cette personne est dans la même pièce que soi, une force nous attire l'un vers l'autre à chaque instant.

On sent la puissance d'une émotion profonde qui pousse à se rejoindre.

C'est tellement naturel de se laisser porter par ce courant, comme le pinceau vers la toile qu'on va peindre.

Rien n'égale cette irrésistible attraction, comme deux aimants, ou plutôt deux futurs amants.

Chaque courbe de son corps est un régal pour les yeux, et son rire nous donne envie d'aimer.

Son odeur qui flotte dans l'air semble calmer tous les maux.

Il suffit simplement que nos yeux se croisent pour faire naître l'envie de vomir pour elle des milliards de mots.

L'envie de la prendre dans ses bras, de lui tenir la main ou de l'embrasser est plus forte que la gravité.

Alors, dans la froideur de son lit, on se demande quelle est cette mystérieuse force.

Quel sort, quel ensorcellement ou plutôt quel genre de malédiction nous a frappé au point de ne rêver que d'une même personne ?

On essaye alors de calmer son cœur et de réguler son cerveau qui s'emballe au fur et à mesure que l'amour en nous résonne.

Puis on identifie que c'est de l'attirance qui explique tous ces phénomènes et cet amour qui s'amorce.

La naissance du mot illusion

C'est arrivé en plein désert.

L'homme qui marchait n'en pouvait plus.

Ça faisait maintenant plusieurs jours que c'était la galère,

pas moyen de trouver une goutte d'eau, des semaines qu'il n'a pas plu.

Il se résigne à avancer froidement sous la chaleur,

le regard braqué sur l'horizon et les nerfs à vif,

le palais asséché et la gorge transie de douleur,

les yeux secs et plus une once de salive.

Puis, d'un coup d'un seul, au loin il l'aperçut au pied d'une crête :

une formidable étendue d'eau et quelques palmiers.

La discernant vaguement, il plissa les yeux et l'image se fit plus nette.

Il y avait bel et bien un oasis rayonnant dans l'étendue de sable à ses pieds.

Reprenant espoir grâce à cette image divine,

il redoubla d'efforts pour s'en approcher le plus possible.

Il avait hâte de l'atteindre et de se rafraîchir, voyant cet oasis comme un signe.

Quand son moral était au plus bas, apparaît son sauveur, c'est splendide.

C'était une telle image que de voir tout ce dont il rêvait devant lui,

juste là, à quelques kilomètres peut-être de ses propres chaussures.

Il y avait assez d'eau pour s'y baigner jusqu'au cou et narguer le soleil qui luit.

C'était devenu ça, sa motivation pour les prochaines heures qui s'annoncent dures.

Mais à force de s'en approcher, l'image semble s'effacer.

Il veut reculer pour l'admirer encore mieux et savourer son futur plaisir,

mais force est de constater que le mirage disparaît et le voilà estomaqué.

Tout ce pour quoi il se battait était en fait imaginaire, et s'efface alors son sourire.

Comment doit-on nommer un rêve qui paraissait si beau

et qui finalement disparaît en fumée pour ne laisser aucune trace ?

Quel mot décrit une arnaque qui pourtant nous avait fait tellement rêver, comme cette gorgée d'eau quand il fait si chaud ?
Il murmura d'une voix rauque le mot illusion, les lèvres craquelées et la gorge qui brûle comme de la glace.

La naissance du mot espoir

Il était une fois une femme qui ne croyait plus en rien.

Elle avait vécu les deux guerres et avait tout sauf les traits aryens,

discriminée, harcelée, et étant un bouc émissaire ambulant.

La vie passée dans les camps l'avait marquée au fer rougeoyant.

Plus une once d'amour n'habitait son âme, sa joie de vivre était anéantie.

Incapable d'aimer à nouveau, elle essayait déjà de rester en vie.

Trouver une raison chaque jour d'ouvrir les yeux le matin était un combat quotidien.

Certains matins, elle faisait la morte pour jouir de son futur plaisir qu'elle savait malsain.

On ne peut pas lui reprocher d'avoir perdu toute envie de vivre.

Elle a vécu l'enfer, donné toutes ses forces pour survivre.

Dorénavant ce n'est plus qu'une coquille vide.

C'était le prix à payer pour être libre.

Les morts qu'elle a connus lui semblent plus vivants qu'elle parfois.

Elle donnerait sa vie pour être remplacée par une de ces personnes qui n'est plus là.

Mais elle se doit de vivre pour eux, en mémoire de leur souvenir.

Elle essaie de mener une vie digne pour que leurs sacrifices aient une utilité pour son avenir.

Il y avait quelque chose qui avait disparu en elle.

Elle ne croyait plus en rien, même pas en elle-même.

Une cassure avait transformé cette pétillante créature

en un être triste qui se morfond au travers de noirs écritures.

Puis, un matin d'automne, elle comprit ce qui lui manquait.

Il y avait bien une chose qui avait disparu depuis tant d'années, ça la titillait.

N'arrivant pas à mettre le mot dessus, elle le décrivait le soir,

des pages entières pour à peine effleurer ce concept qu'est l'espoir.

Car oui, ce matin, elle comprit enfin que c'était ça qui avait disparu.

Voyant un chaton et chiot jouer avec insouciance, comme si leur guerre ancestrale n'était plus,

elle se remit à croire qu'un jour elle irait mieux et que la vie renaîtrait en son sein.

Elle rêve de porter la vie pour fleurir de l'intérieur et propager la vie qu'elle a retrouvé ce beau matin.

La naissance du mot romantique

Il avait tous les tours pour la faire sourire,

sans cesse regorgeant de nouvelles idées pour toucher son cœur.

C'était un garçon comique, très inventif, plein de galanterie et de douceur,

toujours au rendez-vous avec plein de petites intentions qui lui faisaient plaisir.

Un jour, elle lui demanda de lui rapporter la lune pour prouver son dévouement.

Le soir même, il l'avait fait évidemment, son amour semblait jamais ne tarir.

Un ballon peint en forme de lune pour la faire hurler de rire,

son courage pour la contenter était époustouflant.

Elle avait récemment créé un potager prenant la moitié de son jardin,

replantant systématiquement les centaines de fleurs qu'il lui offrait.

Parfois, c'étaient des bouquets entiers que médusée elle réceptionnait,

il ne faisait pas dans la demi-mesure, il la couvrait de présents du soir au matin.

Un soir, elle s'en souviendra toute sa vie,

il avait recouvert le mur de sa chambre de post-it multicolores, son cœur faillit se fendre.

Chacun contenait une qualité qu'elle possédait ou un mot tendre.

Quand elle avait découvert ça, ses yeux avaient été trempés, son amour semblait infini.

Un jour, elle dut se racheter une deuxième boîte aux lettres car c'était ingérable.

Les petits mots d'amour ou les longues lettres débordant d'affection

n'avaient plus leur place après 14h parfois dans sa petite boîte aux lettres sans prétention.

Il écrivait plus vite qu'elle ne lisait, il y avait des centaines de textes à rattraper mais c'était remarquable.

Son dévouement était total et jamais faiblissant.

Elle avait déjà passé des soirées entières à ses côtés dans des cadres fantastiques :

coucher de soleil au bord de l'eau, promenade en forêt et même réveil au sommet d'un temple mystique.

Chaque fois c'était un moment hors du temps où il adoptait des actions qui la faisaient fondre instantanément.

À force d'en rêver jour et nuit, elle finit par trouver ce fameux mot,

celui qui décrit cette forme d'amour si particulière qu'elle aimait tant.

Ce jeune homme était romantique, regorgeant d'amour et l'exprimant joliment.

Maintenant, plus qu'à lui annoncer que de mon côté j'aime la gent féminine mais c'est encore un peu trop tôt.

La naissance du mot trahison

Ce mot est né dans une situation délicate.
Personne n'avait encore expérimenté cela auparavant.
Jamais une histoire de la sorte n'avait sali l'âme d'un homme de ce genre de tache.
Mais il faut bien un début à tout, même au mot, apparemment.

Il était fou amoureux,
Prêt à tout sacrifier pour elle.
Il aurait sacrifié le moi pour eux deux.
L'amour lui donnait des ailes.

Il était alors véritablement capable de lui apporter la lune,
Ayant le pouvoir de l'emmener voir la galaxie,
Capable de la faire voyager sans une thune.
La force que ça lui donnait était infinie.

Après des années de cohabitation fructueuse,
Leur amour avait perduré et s'était renforcé.
Leur couple était magnifique et leur relation prometteuse.
La confiance régnait et jamais le doute n'était né.

Puis, un soir en rentrant du boulot, au bord de la pelouse,
Elle l'accueillit avec l'air grave et le regard honteux.
Étonné, le mari ne comprenait pas quel genre de drame avait frappé son épouse.
Il la prit dans ses bras et lui assura qu'ils resteraient ensemble et surmonteraient cet événement malheureux.

Il était prêt à l'aimer si elle était atteinte d'un cancer.
Il était prêt à s'occuper d'elle si elle devenait handicapée, évidemment.
Il était prêt à donner ses organes pour la sauver si c'était nécessaire.
Aucun obstacle ne pouvait les séparer, visiblement.

Il s'assura qu'elle l'aimait toujours,
Qu'aucune action de sa part n'avait entaché leur relation.
Il remit en question son orientation sexuelle et son envie de solitude ces derniers jours.
Mais rien n'y faisait, l'épouse n'avait aucun problème de ce genre, alors grandit l'appréhension.

Ne sachant que penser, le mari ne voyait aucune autre solution.

Qu'est-ce qui peut bien mettre un air si grave sur le visage de sa chérie ?

Pourquoi donc ne lui reproche-t-elle rien alors qu'il y a clairement un problème dans la relation ?

Alors, s'avouant vaincu, il attendit patiemment que son amour lui explique.

Il ne fallut qu'une phrase pour sceller son sort :

Je t'ai trompé, j'ai couché avec un autre homme.

Son monde s'écroule, sa voiture part dans le décor.

Les battements de son cœur violemment résonnent.

Il ne savait pas que c'était possible

Qu'une chose pareille se produise.

Il n'aurait jamais imaginé cet acte inadmissible.

C'est fini chérie, qu'est-ce que tu veux que je te dise.

Il claqua la porte et partit conduire vers le soleil couchant.

Une larme coule en silence, accompagnée de respirations profondes pleines d'émotions.

Il s'arrête sur une plage et s'y assoit pensivement.

Ses lèvres laissent alors échapper le douloureux mot « trahison ».

La naissance du mot rébellion

Une journée encore à travailler sans interruption.
Les pauses avaient encore disparu mais il ne se posait pas de questions.
À quoi bon perdre son temps à réfléchir à tout cela ?
Il avait déjà assez de choses à faire encore une fois.

Tous les travailleurs de l'usine étaient sur la même longueur d'onde.
Il ne faut pas se plaindre, pas discuter, ni contester leur chef une seconde.
S'ils veulent garder leur place durement gagnée,
Il faut courber l'échine et avancer.

Certes, leurs salaires baissent mais c'est pour la bonne cause.
Le patron doit bien se payer quelques plaisirs, de toute façon ce n'est interdit dans aucune clause.
Alors on s'abîme les mains et on travaille à la chaîne,
Oubliant le temps, la douleur et ravalant sa haine.

Parfois le fouet vient rappeler à certains d'ajuster leur posture.
D'autres en ont besoin pour retrouver le rythme de travail car ils ne bossent pas assez dur.
Le système n'est pas parfait mais on ne peut rien y faire.
Le syndicat qui a parlé la dernière fois est toujours aux fers.

Alors on se terre dans le mutisme et on déglutit timidement.
On baisse les armes et on lève les outils sans ménagement.
On apprend à ne rien contester et à obéir.
Il faut bien que certains se soumettent pour que d'autres puissent les asservir.

Mais à la lueur d'une bougie presque calcinée,
Le dos rougi par le fouet, un homme s'arrête de travailler.
Il vient d'exprimer dans sa tête un mot qui traduit toute sa frustration.
Il brandit alors ses outils vers le ciel et hurle : RÉBELLION !

La naissance du mot liberté

Un jour, un homme eut en lui un sentiment étrange.

Comme une drôle de sensation qui le démange.

Ne sachant pas vraiment ce que c'était, il l'a mis de côté,

Se concentrant sur sa vie sans néanmoins l'oublier.

Une femme, 3 enfants et un job à plein temps,

Bref, le rêve complet, surtout pour ses parents.

Matin et soir, c'était la même rengaine,

15 secondes de répit par jour, juste avant que ses paupières se scellent.

Durant ces maigres secondes chaque soir, il explorait son cœur,

Guettant encore et toujours les symptômes de cette étrange lueur.

Celle de cette émotion nouvelle, incompréhensible et inavouable,

Une émotion jusqu'alors inconnue qui lui était difficile à déchiffrer et inimaginable.

Jamais il ne penserait ressentir un tel mal-être dans une si belle situation.

Comment est-ce possible d'avoir une envie, un besoin, voire une pression,

Aussi étrange au fond de soi, qui pousse à changer quelque chose ?

Une impulsion qui inspire à rêver en prose.

Alors un jour, il prit son courage à deux mains.

Il écouta son cœur et fit taire les soucis de demain.

Il enfourcha son vélo et partit à l'opposé de son lieu de travail.

Au début, il se dit évidemment que ça ne lui disait rien qui vaille.

Mais à force de goûter à ce nouveau bonheur,

Il savoura enfin la chance qu'il avait de vivre cette parenthèse qui réjouissait son humeur.

Et là, sur le sommet d'une colline, face à l'océan et au soleil couchant,

Il se permit, les yeux brillants et le sourire aux lèvres, de prononcer le mot liberté dans un ricanement.

La naissance du mot peur

C'est arrivé un beau matin ensoleillé.

Face à la mer, un homme se posait des questions.

Qu'est-ce qui l'empêche d'y aller ?

De partir découvrir le monde sur un rafiot.

Il avait assez d'argent pour s'en procurer un,

Travaillant dur depuis des années.

L'argent mis de côté aurait enfin une utilité autre que de combler sa faim.

Le port regorgeait de bateaux prêts à jeter l'ancre sans tarder.

Il pouvait bien laisser sa femme seule quelque temps.

Ces dernières semaines, ils se disputaient beaucoup.

Partir en mer calmerait les tensions et les laisserait seuls pour réfléchir à leur comportement.

Ça serait bénéfique pour se retrouver par après plus amoureux encore et redevenir plus doux.

Il n'y avait aucun mal à laisser son enfant avec sa mère.

Ses grands-parents peuvent très bien s'en occuper quelques mois,

Rien que le temps pour lui de prendre la mer.

Il serait revenu pour son anniversaire dans 40 semaines, je crois.

Son job à la mine, il pouvait bien le quitter.

Elle allait fermer d'un jour à l'autre faute de gisement.

Il lui faudrait de toute façon rendre les gants et s'arrêter de bosser.

Autant prendre une pause maintenant.

Ses amis seraient contents pour lui.

Son aventure serait accueillie comme une belle preuve de courage.

Qui d'autre oserait partir en solo voguer sur la mer infinie ?

Il est sûr que ça ferait même grand bruit qu'un homme s'aventure sur l'eau sans qu'il connaisse l'art de la nage.

Non, c'est bon, il sait l'unique raison qui l'empêche d'y aller,

La chose qui fait qu'il n'arrive pas à se décider à se lancer dans cette aventure.

Un mot lui vient à l'esprit et il le répète comme un mantra jusqu'à le hurler :

J'ai peur, Peur, PEUR ! C'est la peur mon excuse.

La naissance du mot courage

Le courage a été difficile à découvrir.
En effet, les hommes ne l'ont pas vu venir.
Aucun n'a jamais prononcé le mot en son nom,
Mais un l'a fait un jour pour qualifier un jeune garçon.

Il n'avait que 10 ans et de taille modeste,
Parents aimants mais à la fin du mois pas un sou il ne reste.
Vivant dans la précarité mais toujours le sourire aux lèvres,
Le jeune garçon à 5h chaque jour se lève.

Il travaille déjà aux champs,
Suivant son père le dos courbé et les mains en sang.
Pas une seconde de répit jusqu'à midi,
Alors, il part s'occuper de la laverie.

Pour quelques sous, il lave le linge de tout le village.
Travaillant trop, il ne fait déjà plus son âge.
C'est pourquoi jusqu'à minuit il est au comptoir.
Dans un bar très connu, c'est lui le barman tous les soirs.

Il n'a plus que quelques dizaines de minutes d'accalmie
Quand il rentre à pied jusqu'à chez lui.
Il s'effondre alors dans son plumard dur comme du béton,
Voyant le ciel étoilé de part un trou dans le plafond.

Pendant un instant, il repensa à ce que ce vieil homme lui avait dit au bar le soir d'avant.
Complètement ivre, il faisait un effort qui semblait surhumain pour trouver un mot savant.
Puis, d'un coup d'un seul, ses yeux s'illuminèrent et il cria « courage », comme si c'était une évidence née !
À ce moment, il fut surpris car c'est une drôle de réponse qu'on donne à quelqu'un qui vous raconte sa journée.

Mais dorénavant, à la lueur des étoiles et de la lune,
Il trouvait que ce joli mot sonnait bien pour décrire sa vie d'infortune.
Peu d'enfants de son âge auraient la force de faire tout cela,
Mais c'est parce que sa mère n'est plus qu'il fait tout ça, il n'a pas le choix.

La naissance du mot acharnement

C'était l'histoire d'un peuple conquérant,
le plus grand qui ait jamais existé.
Ils ont conquis une grande partie de tous les continents,
partout où ils allaient, la résistance était ridiculisée.

Leur réputation les précédait à chaque nouvelle conquête,
le peuple qui devait les affronter savait déjà son heure venue.
Ils fuyaient déjà avec les biens et les personnes à protéger de la guerre,
et se préparaient alors à devoir reculer contre les envahisseurs tant attendus.

En moins d'une semaine, le siège de la ville avait suffi à les faire capituler.
Comme d'habitude, ils n'avaient plus qu'à passer les chaînes aux perdants.
C'était devenu un jeu d'enfant de conquérir des peuples entiers.
Parfois quelques combats étaient nécessaires, mais ça n'accélérait que leur fin approchante.

Et puis un jour, un peuple venu de Gaule les affronta.
Pour une fois, ce n'était pas eux qui vinrent porter le premier coup.
C'est une armée gauloise elle-même qui contre leur frontière s'élança.
Pris par surprise, les envahisseurs furent envahis et on leur captura plusieurs villes pour enfoncer le clou.

Fou de rage, le grand général envoya toutes ses armées.
Il fallait faire un exemple pour tous les futurs peuples à conquérir.
Leur réputation ne pouvait pas être entachée de la sorte ; il allait tous les massacrer,
que l'on venge toutes ces pertes et les écrasantes victoires de leur adversaire qui lui avait ôté son grand
sourire.

Dans le monde entier, la nouvelle se répandit comme une traînée de poudre.
Le petit peuple de Gaule, comprenant moins de 10 000 soldats,
venait de frapper un grand coup, de capturer trois grandes cités et d'infliger des pertes lourdes.
Le peuple conquérant, fou de rage, décida de directement s'attaquer à leur village et jura de décapiter leur roi.

Arrivant avec assez de soldats pour conquérir l'Europe entière,
ils ne croisèrent aucun guerrier dans leur village natal.
Les portes étaient grandes ouvertes, leur peuple était prêt à périr ; pas une larme ne coulait par terre.
Alors, contre des femmes, des enfants et des vieillards, il y eut bataille.

Le massacre était à vomir.

Mais dans cette boucherie, les envahisseurs remarquèrent

que leurs ennemis étaient tenaces et se battaient jusqu'à en mourir,

prêts à tout donner, même si c'était vain de lutter avec un bout de bois contre un bouclier et un glaive.

Impressionnés par ce qu'ils venaient de constater,

cette armée-là fut envoyée reconquérir chaque cité sur-le-champ,

ayant pour ordre de ne laisser aucun survivant et de ramener la tête du roi de ces cinglés.

Sonnant ainsi l'extinction de ce peuple fou qui avait attaqué les attaquants.

Il leur fallut des mois pour reconquérir chacune des villes.

Les pertes furent immenses, leur résistance était époustouflante.

Ces hommes n'avaient plus de famille, plus de maison, plus de raison de vivre,

mais pourtant, ils se battaient avec une ténacité troublante.

Ces hommes semblaient possédés par une force obscure.

Comment peut-on à ce point résister à un contre cent sachant que notre chez-soi n'existe de toute façon plus ?

Le dernier rapport avant de capturer la dernière ville fut utilisé pour leur sépulture.

Le mot acharnement leur colla à la peau, et on espéra qu'aucun peuple ne suivrait l'exemple de ce roi déchu.

La naissance du mot déception

Elle avait tout fait pour réussir,

Se réveillant tôt et travaillant dur.

Que très peu de petits plaisirs, elle se faisait une cure,

Prête à tout sacrifier pour cette belle opportunité à saisir.

Des mois de travail et d'abnégation,

Même plus le temps de voir sa famille ni ses amis.

Elle vivait seule en ermite, coupée du monde et de la vie,

Les volets fermés, le soleil boudé, ça sentait le renfermé dans sa chambre sans aération.

Elle perdit beaucoup de poids car elle ne mangeait presque rien.

Elle dormait par quarts d'heure, continuellement exténuée.

Plus le temps pour une douche, elle sentait mauvais à ne plus oser se renifler.

Ses cheveux tombaient et lentement s'effaçaient ses seins.

Les veines de ses yeux complètement éclatées à force de tous ses efforts,

La gorge sèche et rauque car ne laissant échapper aucun son depuis des mois maintenant.

Les nerfs à vif et le corps tremblant,

L'haleine putride parfumée aux odeurs de la mort.

Après tous ses efforts et cette préparation inhumaine,

Elle passe l'examen qui lui avait valu autant de douleur.

Lançant ses dernières forces dans la bataille sans une once de pudeur,

Elle finit de remplir le questionnaire, les dents serrées, les larmes coulant et le corps en peine.

Un mois plus tard, elle reçut ses résultats à l'hôpital.

Elle ne faisait pas partie des heureux élus qui ont réussi.

Se voyant recalée, l'amertume à la bouche, son monde s'écroulant, elle s'abattit.

Il n'y avait plus qu'un mot qui lui venait à l'esprit : la déception, ça lui faisait tellement mal...

La naissance du mot honte

C'est arrivé un jour sans prévenir.

Il y avait comme un ressentiment étrange,

une sensation qui titille qu'on n'avait pas vu venir.

Un jour, on se lève et ça nous démange.

Qu'avais-je donc fait pour mériter de me sentir ainsi ?

Rien ne justifiait que je me sente mal dès mes paupières ouvertes.

Quels genres de rêves anormaux avaient occupé mon esprit ?

D'où vient donc cette nouvelle émotion qui me guette ?

Sans parvenir à mettre un mot dessus, je ressentais une profonde douleur.

Mon cœur se tord dans tous les sens pour tenter de la duper,

mais insensible à toute contorsion, ma peine continue à alimenter mon malheur.

Je ne sais comment mieux me diagnostiquer.

Alors je réfléchis d'où pourrait me venir cette sensation qui me torture.

Qu'ai-je donc fait hier pour mériter pareil traitement ?

Je me pose alors et relate tranquillement ma soirée et sa triste tournure.

J'essaie de retracer l'historique des dernières heures pour comprendre ce sentiment.

J'avais été trop alcoolisé, au point de ne savoir marcher.

Je me souviens vaguement de mon ami, le meilleur que j'ai,

me portant désespérément et m'aidant à avancer,

puis un flash de moi trébuchant régulièrement, l'insultant et le maudissant à jamais.

Le pauvre faisait tout ce qu'il pouvait pour m'aider malgré mon état.

Et moi, je ne faisais que le ridiculiser et le maltraiter.

Ce comportement profondément ingrat

fit naître au creux de mes lèvres le mot honte que j'ose à peine murmurer.

La naissance du mot pardon

Ils avaient tout vécu ensemble,

étant toujours présents l'un pour l'autre depuis la nuit des temps sans exception.

On ne les avait jamais vus séparés, il me semble.

Même dans les pires moments, ils pouvaient compter sur leur ami sans hésitation.

Déjà à la crèche, ils se passaient la réplique.

Impossible de les séparer longtemps.

Ils arrivaient toujours à ce que leur confrère rapplique,

un duo iconique, toujours unis même malgré le mauvais temps.

Car même quand les tempêtes de la vie frappaient de plein fouet un des deux,

son acolyte bravait les éléments pour lui porter main-forte jusqu'à ce que cela cesse.

Leur relation était des plus solides, et leur soutien mutuel était un exemple merveilleux.

Rien ne semblait capable d'ébranler leur forteresse.

À l'école, jusqu'au dernier jour de cours, ils furent soudés.

Même classe, même banc, et même amitié inébranlable.

Toutes les conditions étaient réunies pour que toute leur vie ils soient liés.

Jamais ils ne se déçurent et toujours ils sacrifiaient tout pour sauvegarder leur alliance remarquable.

Plus tard, chacun leur tour, ils se firent rouer de coups pour l'autre.

Parfois, ils entachaient leur propre réputation pour se soutenir, qu'importent les critiques et dommages.

On les accablait de problèmes sans que cela soit de leur faute.

Mais ils faisaient ça pour leur frère, encaissant volontiers les potentiels désagréments.

Après 50 ans d'amitié sincère et profonde,

sans qu'aucun des deux n'ait jamais trahi la confiance ou déçu son compagnon de route favori,

il se passa un événement qui emplit l'un d'eux de regrets et de honte.

Depuis, impossible de renouer le lien rompu à vie.

Le regard vide, la face blême et le corps tremblant,

le dernier rescapé n'était plus que la moitié de lui-même.

Une partie de lui avait sombré dans l'oubli depuis que son ami avait disparu à cause de ses agissements.

Le flot incessant de larmes sur son visage et ses yeux rougis traduisaient sa peine.

Alors, à la nuit tombée, dans la flaque de ses larmes sur le pavé froid,

à la vue de toutes les tombes glacées et de leurs fleurs agonisantes,

à genoux, le corps secoué de soubresauts silencieux et d'une pâle voix,

le malheureux murmura pardon et le silence de mort lui confirma que c'était la chose à dire dans de telles circonstances.

La naissance du mot acceptation

Il avait tout perdu.
Femme, enfants, parents, ils n'étaient plus.
Accidents terribles, malchances leur coûtant la vie.
Mais c'était ainsi.

Il avait été viré de son travail sur une injustice grossière.
Travaillant jour et nuit avant de se faire voler le fruit de sa dure labeur.
Dorénavant au chômage et doté d'une réputation exécrable.
Mais c'est la vie et ses malhonnêtes rouages.

Ses amis l'avaient abandonné dans la foulée.
Pas moyen de leur expliquer la vérité, ils ne voulaient rien entendre de sensé.
Le voilà livré à lui-même et seul au monde comme un ange déchu.
Mais ne pouvant rien y faire, il continua à avancer quand même et se tut.

Lui-même était atteint d'une maladie incurable.
Pas de remède existant, une chance sur un milliard, c'est incroyable.
Devenu condamné à mort, il vit pour un avenir imaginaire.
Mais c'est hors de son contrôle alors il sourit et vit sans en avoir l'air.

Condamné pour un crime qu'il n'a pas commis,
Le sort s'acharne sur lui.
Le restant de ses jours en prison.
Mais si Dieu le veut, alors lutter contre cela il n'y a pas de raison.

Gravement blessé et paralysé à vie à cause d'un malheureux accident,
Il était au mauvais endroit au mauvais moment.
Pas moyen de se lever de son lit d'hôpital, ses muscles sont en pause.
Mais le mal est fait, à quoi bon se révolter contre l'ordre des choses.

Cet homme n'est pas fou, mais c'est un exemple de résignation.
Il a vécu toute sa misérable vie en répétant le même mot dans chaque situation.
Qu'importe le nouveau fardeau qu'on lui incombait à nouveau,
Il se répétait que le maître mot c'est acceptation, c'est la meilleure façon.

La naissance du mot absence

Elle l'a constaté ce soir-là d'hiver.

Elle se trouvait seule dans le froid de son lit.

À peine une bougie allumée faisant office de présence pendant la nuit.

Pas un bruit, pas un souffle, on se croirait en enfer.

Mais où est donc passé l'homme qu'elle aimait ?

Celui qui, simplement de son existence dans la même pièce qu'elle,

Suffisait à la remplir d'amour et de force à jamais.

Celui qui l'inspirait au point de lui donner des ailes.

Grâce à lui, elle se voyait voler si haut,

Être capable de toucher les étoiles.

Soutenue comme jamais auparavant, une main dans le dos,

Impossible de tomber quand il était là pour lui tenir la main ou la serrer par la taille.

Il était toujours chaud quand elle avait froid.

Chaque nuit, il veillait sur elle et s'endormait en dernier.

Elle pouvait chaque soir se blottir au creux de ses bras.

Il était constamment le premier réveillé.

Avec lui, elle ne se sentait jamais seule.

Il était toujours là pour la rassurer et la bercer pour qu'elle s'endorme.

C'était lui qui chassait les cauchemars et racontait des histoires quand elle dormait déjà d'un œil.

Lui, qui simplement de sa présence arrivait à l'apaiser, c'était lui son homme.

Mais ce soir, il n'est pas là et elle ressent une drôle de sensation.

Elle ressent le poids de quelque chose qui pèse dans son cœur,

Le sentiment que d'être loin de lui l'attriste et noircit ses émotions.

Elle ressent son absence et elle pèse à lui en trouer la poitrine de douleur.

La naissance du mot décédé

Cachés dans des grottes pour survivre aux intempéries,

la tribu y avait trouvé une superbe forteresse contre les prédateurs.

Toujours dans le noir, qu'importe l'heure et au frais malgré la chaleur,

on vivait là protégé de tout mais surtout isolé du reste de la vie.

Ainsi, les enfants nés dans ces conditions ne connaissaient pas grand-chose du monde,

ayant pris l'habitude, pour survivre, de ne vivre qu'entourés d'êtres humains.

Ils oubliaient parfois la réalité de la vie et ce que cela impliquait pour hier, aujourd'hui, mais surtout pour demain,

reclus de la vraie vie, ignorants de la faucheuse et de sa macabre ronde.

Alors, la première fois qu'ils assistèrent à un décès, ce fut un choc mémorable.

Comment leur faire comprendre que parfois l'esprit des gens s'enfuit,

qu'il décide brusquement de quitter son corps de jour comme de nuit,

laissant alors le pantin désarticulé, blême et rigide de la pointe des orteils jusqu'au haut de son crâne ?

D'une seconde à l'autre, le feu dans ses yeux peut disparaître, plus jamais ne résonnera le son de sa voix et l'on n'appellera plus son nom.

On se doit alors de l'enfouir sous terre ou le brûler pour qu'il n'en reste rien,

qu'on oublie à jamais son existence et qu'elle ne perdure que dans les souvenirs et parfois au travers d'une modeste croix en bois de sapin.

On commémore alors chaque année sa disparition jusqu'à oublier son prénom.

Ce concept très étrange était encore inconnu pour les enfants troglodytes.

Il fallut attendre un drame, pour qu'ils voient de leurs propres yeux le phénomène et en comprennent la gravité macabre.

Ce n'était pas seulement quelqu'un qui partait vers l'inconnu et qu'on savait toujours entier quelque part,

c'était un être aimé qui n'existait dorénavant plus et que jamais on ne retrouverait car le voilà devenu un cadavre bon à être dévoré par les mythes.

Les parents, tant bien que mal, essaient de trouver les mots justes pour décrire ce concept qui questionne jusqu'à leur propre finalité.

Car voir les autres s'éteindre de la sorte, c'est se rappeler que l'on va aussi un jour les imiter et donner son corps en charpie.

Alors sous l'éclat d'une bougie, dans les grottes glacées et dans la noirceur infinie,

les enfants se font à l'idée que leurs grands-parents sont décédés.

La naissance du mot nostalgie

Un vieil homme, le regard plongé dans l'horizon, contemplait son âme.

Perplexe et perdu, il sondait les abysses de son cœur,

cherchant désespérément à mettre un mot sur ce sentiment de rancœur,

mêlant à la fois la tristesse et le bonheur, à la fois une comédie et un drame.

Quelle drôle de sensation que de replonger dans ses souvenirs d'enfance,

guettant à chaque seconde les émotions que cela faisait naître en lui.

Il n'arrivait pas à savoir si plus y penser le blessait ou le guérissait.

Alors il continuait à se remémorer sa vie, qu'importe les conséquences.

Repassant en revue chaque moment de joie et de malheur,

il scrutait les maigres réactions de son petit cœur, plus si vivace que le temps pourtant cautérise.

À quel point ses battements s'accéléraient quand il se souvenait de sa promise ?

Il ne saurait dire si se rappeler de tout ça était bénéfique ou néfaste pour son bonheur.

Alors il se prit au jeu et passa tout en revue dans sa tête, jusqu'à crisper son abîmé visage.

Tant qu'à faire, autant aller au bout des choses.

Il allait passer la nuit sur ce banc, face à la mer, à se rappeler chaque souvenir avant que les portes de sa
mémoire soient closes.

Il avait horreur de découvrir des années perdues à jamais, car immémorables à son âge.

Après de grands efforts, il comprit que le passé était à double tranchant.

S'en rappeler le remplissait à la fois de bonheur, mais aussi d'une pointe au cœur.

Ne sachant expliquer pourquoi il enviait fortement ce temps-là, revivre ne fut-ce qu'un instant là-bas le rendait
rêveur.

Même s'il était heureux aujourd'hui, hier avait toujours un goût terriblement attirant.

Alors, sous la clarté de la lune et le bruissement des vagues,

assis sur son banc glacé, un triste sourire aux lèvres,

le vieil homme au dos voûté et au sourire mièvre

chuchota le mot nostalgie et se convainquit que le passé était un mirage.

La naissance du mot merci

Il est né un jour de pluie.

Ce jour-là, le seigneur était inconsolable.

L'eau s'infiltrait partout, elle était inarrêtable.

Les maisons noyées se voyaient détruites, le travail de toute une vie.

Les enfants étaient trempés jusqu'aux os.

Pas moyen de les réchauffer car plus rien n'est sec.

Tandis que faire un feu se solderait pour sûr en échec,

Les pauvres allaient mourir de froid ou noyés dans les eaux.

Au comble du désespoir, tous se voyaient mourir là.

L'espoir avait déserté les rangs.

Des familles entières sanglotaient dans le souffle du vent.

Les adieux furent chaleureux malgré le froid.

Les adultes survivraient sûrement à cette catastrophe.

Ils étaient assez grands et forts.

Mais leur progéniture, elle, n'était pas capable d'autant d'efforts.

Ils chantèrent en chœur un chant funèbre jusqu'à l'avant-dernière strophe.

Car tout à coup, une lueur apparaît à l'horizon.

Un feu qui semble se déplacer au fil de l'eau dévalant la pente.

Une masse noire allant droit sur eux, entendant peut-être qu'ils chantent.

Un bateau arrive alors vers eux en voguant sur les inondations.

Il jette l'ancre et tous montent à bord.

Une cabine minuscule mais assez grande pour tous.

Un feu dans la cheminée et des draps chauds pour ceux qui toussent.

Puis, chez tous les rescapés, un silence de mort.

Ne sachant que dire, une fillette se sent inspirée.

Elle ressent le besoin de remuer ses lèvres bleues de froid.

Elle regarde le capitaine et murmure d'une frêle voix :

Merci de nous avoir sauvés.

La naissance du mot poésie

C'est arrivé au tout début pour diagnostiquer une maladie inconnue.

Un homme souffrant de cette maladie avait consulté les meilleurs médecins.

Chez tous, de la même manière, il fut reçu.

On lui diagnostiqua qu'il était fou, que d'esprit il n'était pas sain.

Ne pouvant se décider à les croire, il alla chez des marabouts.

Il fit tout ce qu'on lui demanda de faire.

Il dit tout ce qu'il était censé dire, même si ça sonnait fou.

Mais tous lui dirent qu'un esprit malveillant dans sa tête lui soufflait des vers.

Toujours insatisfait, il rencontra les plus grands sorciers.

On lui fit boire et manger des choses infectes.

Il fit des rituels très étranges sans broncher.

On lui expliqua qu'il allait guérir, mais les remèdes étaient sans effet.

Alors il se tourna vers l'Église et ses miracles imaginaires.

Il pria, se confia et se repentit de tous ses maux.

Mais encore une fois, les prêtres, les évêques et le pape eurent une réponse similaire :

Le Diable était en lui et lui murmurait des mots.

Alors au comble du désespoir, il se diagnostiqua lui-même.

Qu'avait-il donc de si grave pour que tous y voient le mal ?

Il avait une fièvre certes, mais une fièvre d'écrire « je t'aime ».

Il ressentait le besoin d'écrire ses peines pour exprimer ses râles.

Est-ce si terrifiant que cela d'avoir une voix dans sa tête qui me dit quoi écrire ?

C'est vraiment grave que le battement d'ailes d'un papillon, un coucher de soleil ou une goutte d'eau nous inspire ?

Qu'y a-t-il de si dangereux à écrire des textes sur la personne qu'on aime à mourir ?

Faut-il se faire soigner si l'on cherche des rimes à chaque fois qu'on s'exprime ?

Cherchant à diagnostiquer sa maladie, le jeune homme se raidit.

Comme pour tous ses écrits, un mot lui venait directement à l'esprit à cet instant.

Il le prononça tendrement du bout des lèvres : « poésie ».

C'était donc ça la discipline qu'il pratiquait pour faire reculer ses démons.

www.ingramcontent.com/pod-product-compliance
Lightning Source LLC
Chambersburg PA
CBHW022011170726
47994CB00026B/3156